AF599746

# INEFABLEU

Lucía Ramírez Reina

Aliarediciones

Corrección: Inés González Calo
Diseño de cubierta: Jaime Galisteo
Maquetación: Aliar Ediciones

Depósito Legal: GR 662-2024
ISBN: 978-84-10374-00-3

Impreso en España

Edita
ALIAR Ediciones
**www.aliarediciones.es**
*info@aliarediciones.es*

# INEFABLEU

Lucía Ramírez Reina

## Prólogo

Este poemario nos adentra en el amplio campo del azul y sus vertientes. Como centro neurálgico, está el color azul, haciendo referencia a unos ojos, una persona, un estado emocional... Dejaré que el lector lo descubra. Mientras tanto, hablaré de la obra, en la que ha quedado materializada, si es que eso se pudiera, la emoción en versos.

A medida que vas leyendo, pasando cada página, encontrarás infinidad de referencias interesantes que te llevarán, si cabe, mucho más dentro de la historia, compuesta por poemas. Son versos libres que pasean por las páginas, son versos con gran carga gráfica, generando imágenes enseguida, y eso, es difícil de hacer.

El arte también toma gran partido en esta amable lectura, debido a la cantidad de información que queda proyectada. Quizá se podría decir que arte y verso se fusionan para ofrecerle al lector un placentero paseo por el imaginario de un corazón enamorado, que arriesgó demasiado y jugó en consecuencia intuyendo el final, pero jugando sin miedo. Al final, el amor es eso, jugar pese a las circunstancias.

El azul, vuelve a ser punto referencial del poemario, ejerciendo un papel de guía hasta el final. Me recuerda un poco a *The blue is the warmest colour*, una película llena de esas cosquillas frescas e intensidad de cuando te enamoras y no entiendes nada, pero que se sigue jugando a pesar de todo, que Lucía, la autora, también nos muestra aquí.

Es un gusto que Lucía nos haya regalado este poemario, es un paseo liviano por el espacio, el corazón, cuadros, libros de Javier Castillo, saltos de fe, abrazos de amor, perdón, y esperanza, quizá el verde de la esperanza en algún momento se haya fundido con el azul que verticaliza la emoción, la pone de pie frente a la persona que lo lea, para poner en valor, el creer en el amor, pese a todo pronóstico.

Sin más, os dejo con la lectura, que seguro lo terminas en un día y te quedas con el sabor gustoso de una lectura que te hace volver a creer en esa emoción del principio, de cuando los humanos empezamos a sentir que merece la pena arriesgarlo todo por un suspiro de quince segundos, largo, denso y capaz.

***Alex del Moral**, ilustradora y poeta.*

*A ti, por ser magia.*
*Siempre serás magia en el corazón correcto.*

«El arte es para consolar a los que están rotos por la vida».

«No hay nada más verdaderamente artístico que amar».

«No sé nada con certeza, pero ver las estrellas me hace soñar».

**Van Gogh.**

# Inefableu

*Aquello que no puede ser explicado con palabras,*
*se explica escribiendo con el corazón.*

## Gravedad

Él es una gran estrella
y yo el planeta que la *orbita*[1]
porque aunque intento seguir con mi vida
y caminar *hacia adelante,*
no puedo escapar a la *fuerte atracción*
que produce sobre mí,
haciéndome *caer* a cada segundo,
a cada instante,
continua y eternamente
quedando *atrapada* en un *círculo* vicioso
*casi perfecto.*

---

1. Orbitar es caer: una órbita es un camino regular y repetitivo que sigue un objeto en el espacio alrededor de otro; es una consecuencia de la gravedad. Un planeta que se mueve en el espacio continuaría en línea recta a una velocidad constante si no fuera por la atracción gravitacional de otros cuerpos. Pero la gravedad del Sol lo desvía de esa trayectoria rectilínea, provocando que se mueva en una órbita elíptica o casi circular.

## Paradojas

Ser libre en una jaula.
Preso del libre albedrío.
Estar lleno de vacío.
Gritar en silencio.
Tener cicatrices invisibles.
Derramar lágrimas secas.
Sonreír triste.
Encontrarse perdido.
Soñar despierto.
Correr a ninguna parte.
Morir sin haber vivido.
Olvidar su recuerdo.
Improvisar un plan.
Conocer a un desconocido.
Quemarse con hielo.
Mirarse y no verse.
Hablar sin palabras.
El eco del silencio.
Estar separados a centímetros.
La eternidad de un segundo.
La belleza del caos.
Un final abierto.
Querer sin querer.
Enamorarse de quien te rompe el corazón.
Contradictorio, pero no imposible.

## Azul

El ser humano no podría existir
sin ***azul*** *cielo*, aire para sobrevivir,
sin ***azul*** *mar*, agua para subsistir,
azules imprescindibles para poder vivir
como el ***azul*** *de tus ojos* para mí.

## Dos minutos y siete segundos

Esperaba volver a verle
como esperaba el atardecer;
con la certeza de que sucedería,
con la esperanza de que la brevedad
de ese instante se dilatase
y nunca llegase a desaparecer.

## Piece of art

The ***artful*** people,
who are capable of looking inside your *he**art**,*
are the only one who can realize
it is full of ***art***.

## Sueño de amor

*Liebestraum nº3 - Franz Liszt.*

Quiero *tocarte*, hacerte *sonar* al deslizar mis manos por todo tu cuerpo.

Escribir una *partitura* entera de *silencios* donde callarte a besos.

Componer una *melodía* con tus orgasmos y los míos sonando en perfecta *armonía.*

El *ritmo* de tus caderas marcando el *pulso* de mi corazón. *Allegro.*

Nuestros cuerpos siendo uno, como un *fa sostenido* y un *sol bemol.*

## Desamor

¿Cómo deshacer el amor que una vez nos hicimos?

# BPM 37093[2]

«Diamante» *del griego antiguo* «adámas» *significa indomable, invencible.*

Su corazón era un *diamante* en bruto,
una *joya* preciosa y valiosa
para quien puede poseerlo,
un alma *indomable.*

Y solo otro *diamante*
puede llegar a dejarle ***marca***.

2. BPM 37093 es una enana blanca cuyo núcleo, formado por carbono cristalizado, es el mayor diamante descubierto en el universo. Su sobrenombre es Lucy por la canción «Lucy in the sky with diamonds» de Los Beatles. Fue descubierta el 13 de febrero del 2004 y se sitúa a cincuenta años luz de la Tierra cerca de la constelación de Centauro.

## Nefelibata

*Lit.* «Cloud Walker».

Es la *Reina* de los *castillos en el aire,*
siempre *anda* en las *nubes,*
nunca tiene los *pies sobre la tierra,*
por eso ella es la única capaz de
poner tu mundo *patas arriba,*
para hacerte *tocar el cielo.*

## Jaque mate del loco

1. f3-e5
2. g4-Dh4++

Conocerle fue como jugar al ajedrez:

***f3:*** Comencé la partida, dando el *primer paso* para acercarme a él.
***e5:*** Él me siguió *el juego* moviendo *ficha* también.
***g4:*** Con un simple movimiento me la jugué, sin pensar en las consecuencias. Como solamente jugaría un *loco*.

Como suelo hacer yo.

***Dh4++:*** Y él sin dudarlo, le dio *jaque mate* a mi corazón.

Solo necesitó *dos ocasiones* para ganarme y hacer que me *muriese* por él.

Perdí la cordura y la partida.

## Hasta el final

El ajedrez, la guerra y el amor
tienen algo en común;
cada *movimiento* es una oportunidad
para ganar terreno y *conquistar* al oponente.
Hay que *jugársela* siempre con estrategia.
Y la partida no termina hasta *ganar o morir.*

Y yo he venido a luchar,
a darlo todo
para hacer historia.

*Y si en esta historia*
*me tengo que estampar contra algo,*
*que sea fuerte contra tu boca.*

## Azul de Prusia[3]

Sus ojos,
sin contener *cianuro*,
son de un color ***azul***
que envenena,
que me mata
si tengo cerca su mirada.

3. La mezcla de azul de Prusia con ácido sulfúrico diluido produce un gas, soluble en agua, altamente mortal. Este «ácido azul» es lo que hoy conocemos como cianuro, palabra derivada de la palabra griega «kyanos», azul oscuro.

## Naufragio

48°52,6'S 123°23,6'O

Miraba su *mar cristalino* desde la orilla,
su color ***azul*** intenso me atrapaba,
su voz *celestial* como una sirena me hechizaba,
sabía que navegar por sus *aguas* podía costarme la vida.
Aun así me aventuré a entrar en su *infinito océano*,
sin salvavidas.

Navegando sin rumbo por su *mar de dudas*,
rodeada de ***azul*** por todas partes.
Me había adentrado demasiado,
hasta alcanzar el *Punto Nemo*[4],
siendo imposible ver un faro,
un rayo de luz que me guíe de nuevo
a la orilla, a tierra firme.

Como un náufrago a la deriva,
en el océano ***azul*** de sus ojos
estoy perdida.

Tocada y hundida.

---

4. Punto Nemo: es el lugar en el océano más alejado de tierra firme (4800km de Nueva Zelanda, 3200km de la Antártida y a más de 1.600km de las islas más cercanas). Los seres humanos más cercanos son los astronautas de la Estación Espacial Internacional que orbita a 400km de la Tierra.

## Viaje espacial

No puedo bajarte la luna,
ni subirte a las estrellas,
pero sí puedo prometerte
que si vienes conmigo
cada día voy a-Marte.

## Por amor al arte

Mir***arte***
Valor***arte***
Abraz***arte***
Bes***arte***
Toc***arte***
Acarici***arte***
Foll***arte***
Cuid***arte***
Am***arte***
Soñ***arte***
Esper***arte***

## Ella

*Never save anything for the swim back.*
Gattaca.

En cuestiones del corazón,
es la persona más perseverante,
tenaz y paciente que puede existir.
Nunca se rinde.
Nunca tira la toalla.
Ella se la juega por enésima vez,
contra todo pronóstico,
porque piensa que no jugársela
es el peor de los riesgos.

## Suerte

No creo en la suerte,
la suerte soy yo arriesgándome a hacerlo.

## Anagrama

AMAR se puede convertir en un ARMA de destrucción
cuando *algo* de lo que lo conforma *cambia,*
se desordena, y pierde todo su significado.

## Gramática

Escribo para *des*(es)*cribir* lo que llevo *grabado* en el alma,
derramar la *tinta* en lugar de lágrimas,
ponerle *puntos y final* a las heridas,
causadas con el filo de sus *palabras,*
*corregir* cada una de las *faltas* que me hice
y omitir al sujeto que nunca quiso estar presente.

## Ruleta americana

Me lo jugué todo
al ***azul*** de sus ojos
y me dejó el corazón
en bancarrota.

## As de corazones

Para ganar la *partida* en el amor
contra personas con *malas manos*
que a menudo van de *farol*,
pon *las cartas sobre la mesa*
y que tu *as* bajo la manga
sea siempre jugarte el corazón.

## Salitre

Con una de cal y otra de arena
gota a gota me colmó el corazón
y se me derramaron los recuerdos por los ojos,
como una lluvia salada
necesaria para curar
las heridas abiertas en el alma.

## Accidente geográfico

Me dejó el corazón *desierto*,
y *ríos* en los ojos.

## Lamprocapnos

*Planta cuyas flores tienen forma de corazón*
*con una gota descendiendo.*

El corazón es como una planta,
riégalo y florecerá de nuevo.

Pero, así como solo un jardinero
tiene la capacidad para poder tocar las flores,
no permitas que nadie que no haya nacido para ello
toque tu corazón.

Porque hay quien no entiende de flores
y las arranca
y hay quien no entiende de corazones
y te lo arranca.

Y así es como ambos se acaban marchitando,
muriendo.

Sin la esperanza de volver a confiar en unas manos
por temor a que sean las equivocadas.

## Espejismo

Tenía tanta *sed* de amor,
que creí ver *agua* en sus ojos.

## Fe

*El amor es un acto de fe, y quien tenga*
*poca fe también tiene poco amor.*
Erich Fromm.

El ser humano necesita la fe
para tener una esperanza
y darle sentido a su existencia.

Yo tengo fe,
creo en el amor.
Necesito creer que existe.
Que es para siempre, eterno.
Que es una fuerza sobrenatural, divina.
Que es omnipotente, que todo lo puede.
Que está en todas partes, omnipresente,
que no podemos escapar de él.
Que es lo más grande, puro y perfecto
que hay en la vida.
Único.

Y creo en él porque **lo sentí**.
Porque tuve una **revelación** cuando te vi a ti.

## Pecado

Besar tu boca fue morder
la fruta prohibida,
la manzana envenenada
de la que ahora soy adicta.

## Resumen

Te quiero escribir un poema,
Te quiero escribir,
*Te quiero.*

## Sexting

Te *hago poesía* porque no puedo *hacerte el amor*
y así poder darte todos los *be(r)sos* que no te di.

## Puntos de vista

A ti que te encanta dejarme en visto,
y yo aquí deseando que me desvistas.

## Kintsugi

*El arte de reparar con oro.*

Me rompió el corazón en pedazos
y decidí unir con oro todos los trozos
para convertirlo en una *obra de arte.*

Ahora tengo un corazón más bonito y valioso.

# Atardecer

Cada día la vida nos regala un atardecer, pero la inmensa mayoría de personas están demasiado ocupadas para detenerse un momento y observar las cosas más simples y bonitas de la vida.

Un atardecer dura solo dos minutos y siete segundos, pero al ser un evento que ocurre cada día dejamos de prestarle importancia, porque mañana volverá a salir el sol y volverá a esconderse.

Y esto habla mucho de cómo son las personas, no valoran los pequeños detalles, las cosas más sencillas y sobre todo no valoran aquello que dan por hecho que siempre van a tener.

Así que no confío en esas personas que no se paran a observar y se les ilumina la cara con un atardecer.

*No seas el sol en la vida de nadie,*
*regalándole toda tu luz*
*y que no se pare a mirarte*
*y valorar lo que tiene delante.*

¿Cuándo fue la última vez que te paraste a ver un atardecer? ¿Un amanecer? ¿La luna llena? ¿O jugar a encontrar una constelación?

El sol seguirá saliendo mañana, pero puedes ser tú al que ya no le queden más mañanas.

## O2

Un amor que no ***expire***
que te ***inspire***.
Que sea tu oxígeno
imprescindible,
que te regale vida.

## Litiasis[5] cardíaca

La piedra en mitad del camino que te impide avanzar,
la piedra con la que tropiezas una y otra vez,
la piedra que se te queda dentro,
que te mata en cada paso que intentas dar,
y no hay manera de que salga,
no se va, se te queda ahí clavada
en el corazón.

5. Litiasis, en medicina, es la formación de cálculos (piedras) en alguna vía excretora.

## <·3

—¿Por qué lloras?

—No estoy llorando, es que se me ha metido algo dentro… —dijo *frotándose el corazón.*

# Precipitarse

*1. Arrojar algo desde un lugar alto.*
*2. Apresurarse sin prudencia a hacer o decir algo.*

El amor es como un precipicio
que no todo el mundo está preparado
ni dispuesto a saltar.

Y yo por tu amor
me lanzaría *de corazón* al vacío
haciendo un triple mortal.

## Koi no yokan

*Del japonés, certeza de que vas a enamorarte irremediablemente de esa persona a la que acabas de conocer.*

Lo supe desde que nuestras miradas
se encontraron por primera vez
y yo me perdí en el ***azul*** de sus ojos.

Lo supe desde que me asomé al borde
del precipicio de su sonrisa,
si me *colgaba* de él la caída sería mortal.

## F _ _ _

Me encantan las palabras que empiezan con **F** como:

Felino
Farfalla
Fresas
Filosofía
Firmamento
Fiesta
Freedom
Felicidad
Familia
Fantasía
Florecer
Fidelidad
Fuerza
Futuro
Fe
***Tú***

## $\lim_{X \to \infty} F(X) = \infty$

**LIM F(X) = ∞**

**X → ∞**

Matemáticamente hablando,
*Lim F(elicidad)= ∞*
*Tu sonrisa → ∞*

Poéticamente,
mi felicidad es infinita cuando
tu sonrisa tiende a curvarse hacia el infinito.

## Solo hay una vida

Solo hay una vida, solo tenemos una única oportunidad: ahora o nunca. Piensa que es la única vida que podemos compartir. Y compártela solo con quien te demuestre que quiere compartir la suya contigo. Cada día es un día menos para estar con quienes quieres, hacer lo que deseas y ser feliz. Piensa bien qué quieres hacer con cada minuto de ella, pues el tiempo que pasa jamás regresa y se agota, se acaba. Aprende la diferencia entre invertir tu tiempo y perderlo porque no todo va a merecerlo. Invierte tus latidos solo en aquello que te haga ganar un momento más de vida. Y vívela. Vive y ama que el tiempo vuela. Y, sobre todo, no te pares a dudar, porque sin lugar a dudas, llegarás tarde.

## Soñar es gratis

*You mustn't be afraid to dream a little bigger, darling.*
Inception.

Sueña
sueña mucho
sueña despierto
sueña en grande
sueña como un loco
sueña de noche y de día
sueña con la posibilidad
sueña con hacerlo realidad.

Sueña, joder, sueña,
que el único sueño imposible es aquel que no se intenta.

Y nunca te conformes,
porque el conformismo es un asesino de sueños,
no hay nada más peligroso que conformarse con la realidad,
y no hay nada más real que luchar por lo que uno sueña.

## Plutónico

Es un *amor imposible*, inalcanzable.
Es un amor de otro *planeta*.
Es mi amor *plutónico*.

## Silogismos

Las lágrimas son al alma,
lo que la sangre a la herida.

Las perlas[6] son a las ostras,
lo que el arte al ser humano.

---

6. Las perlas de las ostras son heridas cicatrizadas, cuando entra arena en su interior generan capas y capas de nácar para cubrir el grano.

# RCP

*Reanimación Cardiopulmonar*

El corazón, como un reloj antiguo,
va marcando el ritmo
hasta que se queda sin cuerda
e irremediablemente se detiene,
a la espera de unas manos
que lo vuelvan a poner en marcha.

## Arritmia

Querer (~~latir~~) con demasiada fuerza
puede llegar a *pararte* la vida.

## Magia

*En los detalles suele estar la magia de los recuerdos.*
Javier Castillo.

Como un mago,
él con su ***magia***,
me *hechizó* el alma
dejándome para siempre
en el corazón una *huella tatuada*.

## Mi mundo

No se acaba el mundo en una persona,
el mundo sigue, continúa,
pero un mundo sin su ***magia***,
para mí pierde todo el *encanto.*

## Tsuki ga kirei

*Del japonés, expresión para decir* «te quiero» *usada*
*por aquellos que no saben expresar sus sentimientos.*
*Lit.* «La luna esta preciosa».

Hay personas que le tienen miedo a la **muerte**
porque sienten que es *el fin* de todo
que la vida les *abandona*
y solo les aguarda *oscuridad*
y la más absoluta *soledad.*

Yo le tengo miedo a decir **te quiero**
exactamente por el mismo motivo.

Así que simplemente te diré
que *la luna esta preciosa,*
*¿No crees?*

## Corazas

Los *muros* que construyes
alrededor del corazón
te protegen de ser *conquistado*
por el *enemigo.*

Pero también te aíslan
de los grandes *descubrimientos*
de nuestra historia,
de conocer y *conquistar el mundo.*

## Experiencia cercana a la muerte

Después de las últimas semanas que había pasado, por fin podía *descansar en paz.* La *luz* de aquel *pasillo* era *mortalmente cegadora.* Demasiados fluorescentes. Caminé hasta *el final* y abrí la puerta. Esperaba *reencontrarme* con cualquiera de los que *habitaban allá* menos con ***él.***

—¿Qué haces ***tú*** *aquí*? —dije confundida.
—***Magia.*** —Y sonrió divertido.
—¿Cómo? —Seguía sin entender nada.
—*Dame un* ***abrazo*** y lo entenderás.

Nos abrazamos tan fuerte que podía sentir el latido de su corazón sobre mi pecho *inerte.* Sentir sus manos agarrándome hizo que me recorriera por todo el cuerpo una *descarga eléctrica.* Se acercó aún más y pude notar su respiración muy cerquita junto a mi cuello. *Otra descarga.*

Quise aferrarme a ese momento, como quien se aferra a la ***vida.***

Y ***mágicamente*** todo se desvaneció.

Desperté en una sala de reanimación.

Todos se alegraban, pero yo hubiera dado un minuto más de mi muerte por vivir un poco más en ***aquel abrazo.***

Uno piensa que al morir se reunirá con los seres queridos que ya no están, pero ***él*** aún estaba vivo. Y es que ***uno va a reencontrarse con aquello que ama con toda su alma***, y la mía ***deseaba estar*** donde estuviese ***él.***

***La magia del amor.***

## Abrazo

Me encantaba abrazarte fuerte
porque era lo más cerquita que mi corazón
podía aspirar a estar del tuyo.

Tan cerca y tan lejos…

# Etimología del corazón

*Del latín* «cor, cordis» *corazón, deriva cordura y coraje.*

El **valor** nace de dentro del *__cor__azón*
porque el *__cor__aje* siempre proviene del él.

Tener *__cor__aje* es *echar el corazón por delante*
por lo que solo quien tiene **valor**
se deja *guiar* por su *__cor__azón.*

Por eso, **querer** es de valientes,
y **amar** de kamikazes.

Aunque eso parezca una locura,
amar así, como lo hace el *__cor__azón,*
es la única forma de amar con *__cor__dura.*

## (Co)razón

Uno nunca se arrepiente de las decisiones que toma con el corazón.

## Me quedo contigo

Toda la vida huyendo de todos
desapareciendo tras bombas de humo
como mecanismo de supervivencia.

Y un día te das cuenta
que lo único que necesitas en la vida
es encontrar a ese *alguien especial*
que te dé seguridad y no miedo
y te haga ***querer quedarte*** día tras día
*para siempre.*

Como por arte de ***magia***.

## Sí, quiero

*Contéstale que sí. Aunque te estés muriendo de miedo,*
*aunque después te arrepientas, porque de todos modos*
*te vas a arrepentir toda la vida si le contestas que no.*
Gabriel García Márquez.

A ti
y solo a ti
te diría que sí a todo,
incluso a todas aquellas cosas
a las que nunca pensé decir que sí.

## Irremplazable

Intento conocer otras miradas,
besar otras bocas y acariciar otros cuerpos,
pero mi corazón irremediablemente
te busca siempre a ti,
y no te encuentra en ninguna de esas partes,
porque otro cuerpo nunca me abrazará igual,
no tendrá ni tu calidez, ni tu olor,
otra boca no tendrá tus besos, ni tu sonrisa,
y otra mirada nunca jamás tendrá ***tu magia***.

Por más bocas que bese,
solo la tuya me sabe a hogar.
Y busco en otros ojos
la ***magia*** de los tuyos,
pero nadie me mira igual.

## Cura

Un corazón herido
solo puede ser cosido
con el irrompible *rojo hilo*[7]
del destino.

---

7. Leyenda del hilo rojo: un hilo rojo invisible une a los que están destinados a encontrarse, sin importar tiempo, lugar o circunstancia. El hilo se puede estirar o contraer, pero no se romperá.

## Crush

Romperse el corazón en mil pedazos sin hacer ruido.

## Miocardiopatía de Takotsubo[8]

El *nudo* en el pecho
que duele y no deja respirar
es el corazón ahorcándose con el ***hilo rojo***
tratándose de suicidar.

8. El síndrome del corazón roto es una afección temporal que se desencadena por estrés emocional como una ruptura amorosa.

## Desastre natural

*Te va a destruir de la manera más bella.*
*Y cuando se vaya entenderás por qué los huracanes*
*tienen nombre de personas.*
Mario Benedetti.

Hay personas que llegan a tu vida
como un *soplo de aire fresco*
con la fuerza de un *huracán*
*arrasando* a su paso con todos tus miedos
poniéndote la vida *patas arriba*
haciéndote *volar*
y regalándote la absoluta *calma*
cuando te encuentras *inmersa* en el centro de *sus ojos.*

Difícil salir de ahí ilesa.

## Metereología

Te fuiste y desapareció del cielo de mi vida
el sol brillante de tu sonrisa
la luz que iluminaba mis días
y a mi corazón daba la vida.

Desde entonces solo llueve en mis ojos
porque mi alma llora sin consuelo tu ausencia,
y truena en mi pecho
porque mi corazón se parte
al no soportar la carga de esta tormenta.

Ojalá algún día decida tu sol volver a salir
y al cruzarse con mi lluvia
un arcoíris entre nosotros pueda surgir.

## Celestial

Según la RAE:

De *celeste*

1. *adj*. Perteneciente o relativo al cielo.
2. *adj*. Perfecto, delicioso.
3. *adj*. *irónico*. Bobo, tonto.

Tus ojos celestiales, *astros celestes*.
Tu sonrisa celestial, *perfecta* y *deliciosa*.
Y tú un poquito celestial, *bobo*, en ocasiones.

Yo añadiría:

4. *pron. person*. **Tú**. Persona celestial en todas sus acepciones.

## Eterna lucha

La pasión que sientes
por el *rojo y blanco horizontal*,
es la misma que siento yo
por tu ***azul*** *celestial*.

La emoción que sientes
cuando tu equipo se juega
el ascenso a primera
y lo ves al fin ganar,
es la misma que yo sentía
cada vez que me mirabas
y me sonreías.

Porque tu sonrisa es
como ese gol decisivo
que te lleva a la victoria,
haciéndome sentir como
una auténtica ganadora.

**Tú eres mi alegría**
y **yo soy tu afición**,
por eso siempre
te llevaré en el corazón.

## Cuarto creciente

Quiero hacerle a tu boca
lo que esta noche a la luna;
jugar a morderla despacito
hasta que aparezca tu brillante sonrisa.

## Pareidolias

Miro a la luna,
brillante,
hermosa,
inalcanzable,
y te veo a ti,
a tu sonrisa,
a tu cara bonita,
a tu corazón lejano
e inhabitable.

Miro el mar,
***azul***,
infinito,
profundo,
y te veo a ti,
a tus ojos *zarcos*,
y naufrago.

Miro las estrellas,
cuerpos *celestes*,
astros luminosos,
resplandecientes,
y te veo a ti,
a tus ojos fugaces,
mi constelación favorita
de supergigantes azules.

## Relatividad especial

Ojalá poder acelerar las agujas del reloj
hacia *una hora* y un *ahora* relativos
de este *tiempo y lugar*.

## Alunizaje

Como Armstrong pisando la luna,
logrando un *hito histórico,*
tú conseguiste *alcanzar* mi corazón,
siendo la *primera persona* en llegar
y dejar una *huella* imborrable.

## Caja fuerte

Mi corazón es una *caja fuerte*
*inaccesible*
que guarda en su interior
un *gran tesoro*:
su ***amor***.

Pero para abrirla
no solo se necesita
un tacto delicado,
para girar la ruedecita
la *clave* está en saber escuchar
y dar con el *código secreto*
que hará que se abra
incluso cuando se resista.

## Hermético

Mantengo mi corazón hermético,
para preservar su *esencia* intacta,
como quien guarda un *tesoro*,
ya que no es para cualquiera su ***magia***.

## Matices

Te equivocas:

No eres un *trofeo* que conseguir.
Eres un ***sueño*** que cumplir.

No es *ego*,
es ***amor***.

## In aeternum

*Del latín* «para toda la eternidad».

Tenías razón en algo:

Lo que siento por ti
no es *para tanto*…

Es para **siempre**.

## Palabras mágicas

Creo en ti.

Vales mucho.

Gracias.

Te admiro.

Te quiero.

Te echo de menos.

Quiero verte.

Lo siento.

No te vayas.

Pienso en ti.

Me encantas.

Ven.

Quédate.

## Coup de foudre

*Del francés* «amor a primera vista». *Lit.* «Golpe de rayo».

El amor es como un *relámpago*,
si te alcanza te parte en dos,
y a la vez ilumina la noche más oscura.

## Amor

Es imposible hacer el amor
si no crees en él.

Y yo no puedo hacerlo
si no es contigo.

## De verdad

Apareció en mi vida
por *arte de* ***magia***
para hacerme creer en *algo.*
Y me hizo creer en lo *increíble.*

Si eso no era *magia,*
era *amor* ***de verdad.***

## Cementerio

Guardemos un minuto de silencio
por todos los besos que no pude darte
y murieron en mi boca,
por todos los abrazos que no pude entregarte
y murieron atrapados en mis brazos,
por todas las caricias que no pude hacerte
y murieron en mis manos,
por todas las miradas en las que no pude encontrarme con la tuya
y murieron de tristeza en mis ojos,
por todos los *te quiero* que no pude decirte
y murieron ahogados en mi garganta,
por todo el amor que no pude hacerte
y agoniza lentamente en mi pecho.

Guardemos un minuto de silencio
por la *esperanza* de volver a verte
que aún vive en mi corazón.

## Epitafio

R.I.P.
Aquí yace un corazón
que murió luchando
por el amor de su vida.

## Te echo de menos

Así de simple,
así de jodido.

## Diciembre

El *frío* invade mi corazón,
*llueve* cada día en mis ojos,
se *marchitan* los brotes de esperanza.

Y es que desde que no estás,
*un día dura tres otoños*[9].

9. Expresión china que se utiliza cuando se echa mucho de menos a alguien.

# Hoguera

*Del latín* «focaris», *hoguera, derivado de* «focus».
*Significa fuego y hogar.*

Es cierto que donde hubo ***fuego***,
*cenizas* quedan.

Porque mi corazón *ardió* por él
hasta hacerse *polvo*.
Pero incluso estando en *ascuas*,
esperaba una *chispa* de amor
para prender de nuevo la *llama*.

Y supe que ahí estaba mi ***hogar***.

## Sin techo

Cuando una persona se vuelve tu *hogar*,
sin ella solo eres un *mendigo.*

## Regalo

*Muéstrale tu verdadero corazón,*
*es el único truco de magia posible.*
La mecánica del corazón.

Le regalé mi tiempo, mi cariño y mi sonrisa.
Le regalé también un poco de mi ***magia***,
ofreciéndole *mi corazón* entre sus manos.

Pero hay regalos que por muy bonitos que sean,
aunque estén hechos desde el corazón con la mejor intención,
pesan demasiado en las manos equivocadas,
porque no están preparadas para soportar tanto amor.

Por eso el peso de mi corazón en sus manos,
lo recibió como algo que cansa, que sobra y estorba,
y decidió abrir las manos y dejarlo caer sin más,
sin importar el daño que ese golpe a mi corazón le podría causar.

Y allí en el suelo se quedó mi corazón tirado,
preguntándose qué había hecho mal.

Siento no haberte sabido dar lo que tú necesitabas,
algo de menos peso, más ligero,
acorde con tus manos y con tus ganas.

Siento muchísimo que mi corazón no entienda de medidas y límites,
porque cuando quiere **de verdad**
*él se entrega por completo hasta el último latido,*
esa es su **magia**.

## Ingrediente secreto

Soy una gilipollas que le pone demasiado corazón a todo.

## Indescifrable

Soy un enigma
y no cualquiera
me puede descubrir.

Eso solo lo logra
quien tiene ***magia***.

## Adults only 18+

My heart is so *puzzled*
that it is breaking down
into little *pieces.*

If you *play* with it,
the *game* will be over.

## Peón

El peón es la pieza más modesta del ajedrez.
La que más se infravalora.
La pieza más común porque hay ocho.
La pieza con menos valor del tablero porque vale solo un punto.
La que primero sacrificarías y no te importaría perder.

Pero, en realidad, el peón es la pieza más ***especial***.
Avanza despacio, de uno en uno, pero con constancia.
No puede mover hacia atrás, jamás retrocede, siempre va hacia adelante, hasta llegar al final del tablero y convertirse en Reina.
Es la ***única*** pieza que puede transformarse en otra más poderosa.
Nunca subestimes el valor de un peón.

Recuerda:
*Que no te valoren no significa que no seas valioso.*

# Destino

El destino somos nosotros,
son nuestras decisiones las que lo forjan.
Basta de decir «si tiene que pasar, pasará».
No va a pasar aquello que no haces que pase, lo siento.
«Lo que es para ti, será para ti, y si no es que no lo era».
Otra mentira más para consolarte.
Dejar en manos del «destino» tu vida,
me parece la forma más absoluta de conformismo.

Pelea y lucha por aquello que anhelas.
Ese es ***tu destino***.

## Jugar con fuego

Decirle «haz lo que sientas»
a un enamorado,
es como darle una cerilla
a un pirómano
dispuesto a incendiarlo todo.

## Puzzle

El amor es como un *puzzle*,
se construye pieza a pieza,
pero nunca lograrás armarlo
si solo buscas piezas *iguales*.

Se trata de saber encontrar,
entre las piezas *diferentes*,
aquella hecha a *tu medida*
cuyo troquelado *opuesto*
te complementa
y es la *única* pieza
que *encajará* contigo.

## Mobiliario

No es solo encontrar a alguien
que tenga la cabeza *bien amueblada*,
es que no tenga un *trastero* en el corazón
ocupado con antiguos *~~en~~seres.*

## Lobotomía

Mi corazón necesita una *lobotomía*,
porque solo así de ti se olvidaría.

## Sin duda

Yo lo tenía clarísimo,
te quería a ti
para **siempre**.

Tú también lo tenías clarísimo,
que conmigo,
**nunca.**

## Certezas

Te quise como nunca antes he querido.
Te quiero como nunca más volveré a querer.
Como nunca antes te han querido.
Como nunca más te volverán a querer.

# Ágape

*Amor incondicional que lo da todo sin esperar nada a cambio*
*y perdura sin importar las circunstancias.*

Hay personas que son el *amor del momento,*
sin embargo,
no son el amor de tu vida.

Pero tú,
no tengo dudas
que eres el *amor de mi vida*
aunque no fuese el momento.

# Indefinidos existenciales

Fuiste ese casi *algo,*
que a pesar de no ser nunca *nada,*
para mí lo fuiste **todo**.

## La vie en bleu

Quién quiere una vida color de *rosa*
teniendo el ***azul*** de tu mirada
todos los días al despertar.

## Desear

*Del latín* «desiderare», *deriva de* «sidus, sideris» *astro.*
*Significa «esperar algo de las estrellas».*
*Lit.* «Dejar de ver un astro», *de ahí* «echar de menos a una estrella».

Al cerrar los ojos pediría
volverte a ver algún día.

## Talón de Aquiles[10]

Su mirada fue una *flecha*
directa a mi corazón.
Sus *ojos*, mi gran *debilidad*,
por los que *muero*.

10. Aquiles, héroe de guerra de Troya, murió en batalla cuando una flecha envenenada lo alcanza en su punto débil: su talón. Al nacer, su madre trató de volverlo inmortal al sumergirlo en el río Estigia, pero al sostenerlo por el talón, ese único punto de su cuerpo quedó vulnerable.

## Flechazo

Fue amor a primera vista,
a pesar de no poder ver su sonrisa
escondida tras la mascarilla,
me bastó con ver sus ojos ***azul*** maravilla
cruzando por el pasillo, alegrándome la vida.

Sin saber el peligro que aquello entrañaría,
lo caro que aquel café me saldría
empezando como una tontería,
sin saber cuánto su cariño me importaría
y que de él perdidamente me enamoraría.

## Mi brújula

Mi corazón es una *brújula* y tú el *norte* que marca su *flecha*,
tu sonrisa como la *luna creciente* siempre apunta al *este*,
tus brillantes ojos la *estrella polar* que guía mi camino.

Por eso, sin ti estoy *perdida*.

## Magnetismo

Yo me creía de *hierro,*
pero sus ojos eran *imanes.*

## Amor ~~im~~posible

Como las rectas paralelas[11]
que nunca se cortan
y, sin embargo,
se unen en un punto del infinito.

---

11. En geometría proyectiva las rectas paralelas se cortan en un punto del infinito llamado punto impropio.

# Coherencia[12]

**Tú y yo** es *decoherencia*[13] en el amor,
y para amar hay que ser *coherentes,*
superponiéndonos el uno al otro,
para ser un **nosotros.**

12. *Coherencia cuántica* es la propiedad de estar en dos estados al mismo tiempo.
13. La *decoherencia* es romper esa superposición cuando un observador hace una medición.

## Tu me manques

*Del francés* «te echo de menos». *Lit.* «Tú me faltas».

Me llegaste a lo más profundo del corazón,
adueñándote de él por completo,
y ahora cada vez que intento olvidarte,
se muere una parte de mi corazón,
*echándote de menos* en cada latido,
porque tu ausencia lo descompleta,
sin ti mi corazón está *manco,*
le faltas como a quien le falta una extremidad,
*me faltas* como una parte de mi propio cuerpo.

No puedo arrancarte de mi corazón,
si formas parte de él.
*Si me faltas, te echo de menos.*

# Feeling blue

*Del inglés, modismo que significa* «sentirse o estar triste». *Lit.* «Sentirse azul».

It is curious that
without your ***blue*** eyes,
I *feel* **blue** inside me,
and my brown eyes
becomes to *be* ***blue***.

## Locura

Dicen que el tiempo todo lo cura,
pero a mí me duele cada día que pasa
y no sé de ti.

## Duelo

No quiero olvidarte,
no quiero superarte,
quiero poder recordar
lo increíble que eres
y la suerte que tuve de conocerte
sin que me duela
que ya no estés en mi vida.

## Boom

Un corazón funciona como una bomba,
contiene una gran carga explosiva,
capaz de liberar una energía descomunal,
y para desactivarlo hay que desconectar
el cable que va al detonador,
cortando el *hilo rojo*.

# Sin ti

Sin *ti* las estrellas no pueden *~~titi~~lar*.
Sin *ti* desaparece la luna *~~Ti~~tán*.
Sin *ti* no tiene sentido el *~~ti~~empo*.
Sin *ti* la herida se queda sin *~~ti~~rita*.
Sin *ti* no puedo ser *~~ti~~erna*.
Sin *ti* mi corazón no puede *la~~ti~~r*.
Sin *ti* mi alma no puede *sen~~ti~~r*.
Sin *ti* mi amor no puede *exis~~ti~~r*.
Sin ti no hubiera podido escribir el *~~tí~~tulo* de este libro.

## Tu sudadera

Te confieso que he dormido abrazada a tu sudadera soñando que fueras tú, que la he olido tantas veces que he perdido la cuenta porque no quería olvidarme de tu olor, que cada vez que la olía en realidad era una puñalada al alma porque estaba tu olor pero no estabas tú, y me moría por abrazarte, que acabé guardándola en una caja para que no se le mezclase el olor de mi ropa porque temía que con el paso del tiempo se le fuera perdiendo tu aroma y no pudiera volver a recordarlo, a recordarte, que la guardo como si fuera un puto tesoro porque es lo único que me quedó de ti.

Te confieso que nunca pensé en utilizarla como excusa para volver a verte, porque desde que salí de tu casa con ella puesta jamás tuve la intención de devolvértela, lo siento, espero que no le tuvieses mucho cariño porque a mí me *encanta(s).*

## Ojalá

Ojalá me hubieras dejado coser las heridas de tu corazón y besarte en cada cicatriz para que no doliese. Ojalá me hubieras dejado cuidarte y mimarte para mantener intacta esa sonrisa maravillosa cada día en tus labios. Ojalá me hubieras dejado abrazarte fuerte un poquito más para quitarte el frío del alma y sintieras cómo late mi corazón por el tuyo. Ojalá me hubieras dejado acariciarte hasta quedarte dormido mientras dibujo corazones en tu espalda. Ojalá me hubieras dejado dormir junto a ti y compartir contigo tus sueños más profundos. Ojalá me hubieras dejado compartir tu ilusión por las cosas que te encantan y aprender de ti y de tu forma tan linda de ver la vida. Ojalá me hubieras dejado prepararte tu comida favorita y de postre comerte a ti y repetir. Ojalá me hubieras dejado llenarte la casa de poemas y escribirte cuánto me encantas en el vaho del espejo del baño. Ojalá me hubieras dejado admirar el ***azul*** de tus ojos al despertar como quien contempla la ***magia*** del amanecer. Ojalá me hubieras dejado alguna noche enseñarte las estrellas y contarte que tú eres la que más brilla en mi universo.

Ojalá me hubieras dejado quererte, aunque solo fuera un poquito.

## Dopamina

*La droga del amor.*

Adicta al ***azul*** de tus ojos
a esnifar el dulce olor de tu cuello
a embriagarme con la melodía de tu voz
a alucinar con tu encantadora sonrisa.

Estoy enganchada a ti
a lo que me haces sentir
necesito tus besos consumir
y no me importa de sobredosis morir
porque sin tus labios ya no puedo vivir
tengo mono de ti,
eres mi droga, mi cura, mi elixir.

No me quiero el corazón destruir
sé que debo dejarte ir
pero no te puedo sustituir
y no sé cómo de esto salir.

Si hay gente que puede dejar de drogarse
tal vez yo también pueda dejar de amarte.
No hay peligro mientras no vuelva a probarte
aunque un adicto nunca deja de serlo, es incurable.

## Juego

—¡Piedra, papel, tijera!
—¡Uno, dos y tres!
—¡Piedra! —dijo enseñándome su *corazón*.
—¡Papel! —dije mostrándole mis *hojas de poesía* para ganármelo.

## Agujero negro[14]

Eres como un *agujero negro* estelar
que ejerce una *atracción* descomunal
y de ti no puedo *escapar.*
Tu *horizonte* me atreví a cruzar
y ya no hay *vuelta atrás*
estoy atrapada en tu *singularidad.*
El tiempo *a tu lado* más despacio parece pasar
sobre todo, cuando tu *boca* me *acerco* a besar.

14. Un objeto astronómico con una fuerza gravitatoria tan fuerte que ni siquiera la luz puede escapar de él. El horizonte de eventos define el límite donde la velocidad requerida para evadirlo excede la velocidad de la luz, por lo que la materia dentro de esta superficie es atrapada y no puede salir. La singularidad es el centro, el corazón del agujero, donde la densidad es infinita y por tanto las leyes de la física no funcionan.

## Polvo de estrellas[15]

*We are all made of star stuff.*
Carl Sagan.

Qué mágico pensar
que al ocurrir el big ban
tus átomos y los míos pudieron formar
parte del mismo sistema estelar
y aunque en esta vida jamás
nos volvamos a encontrar
en el futuro se volverán a mezclar.

15. La ciencia confirma que el 97% de nuestro cuerpo está constituido por polvo de estrellas.

## Luz

El fuego no tiene sombra
porque tiene la capacidad
de generar *luz propia.*

Lo mismo le ocurre
a las *estrellas.*

Y a tu ***sonrisa.***

## Maktub[16]

*Del árabe* «destino», *significa que lo que está destinado a suceder siempre encontrará una forma* ***mágica*** *para manifestarse.*

Y un día, de repente,
la ***magia*** vuelve
a cruzarse en tu camino.

Quiero pensar que verte
no fue casualidad,
sino cosa del *destino*.

16. 18 enero 2024

## Inefable

*Algo tan increíble que no puede ser explicado con palabras.*

Como el ***azul*** de tus ojos.
Como tu ***magia***.
Como *mi amor*.

Anexo

# Curiosidades del azul

Hace unos 10.000 años todas las personas tenían los ojos marrones, hasta que un individuo que vivía en la zona del Mar Negro sufrió una *única mutación* genética la cual llevó a la aparición del iris azul.

No hubo mención al azul en ningún lenguaje hasta hace aproximadamente 4.500 años. Las primeras palabras para definir colores fueron «negro» y «blanco», asociados con luz y oscuridad, luego vino el «rojo» que era el color de la sangre. Después el amarillo y el verde. El azul fue el *último* color.

Es el color del cielo, del mar y el *color predominante* del planeta Tierra. Sin embargo, no es un color muy común en la naturaleza, existen muy pocas plantas y animales naturalmente azules.

Por tanto, pintar con azul era extremadamente *difícil y raro* ya que no había muchas fuentes para teñir las cosas de este color. Los pigmentos azules comenzaron a aparecer en la historia hace aproximadamente 6.000 años.

- **Azul Egipcio:** el primer azul. El primer registro histórico del azul como un pigmento sintético se encuentra en el antiguo Egipto, cuyo ingrediente principal era la azurita, una *rara gema*. Los egipcios fueron los primeros en nombrar el color, aunque en un primer lugar la palabra usada para el azul era la misma que para el verde.

• **Azul Ultramarino**: el color de la divinidad y la realeza. Es un pigmento de color azul profundo que se hizo moliendo lapislázuli, una *piedra semipreciosa y extremadamente rara*, en un polvo. El nombre viene del latín «ultramarinus», literalmente «más allá del mar». Fue importado a Europa desde las minas remotas de Afganistán. Esto hacía que el pigmento fuera *extremadamente raro y caro*, reservado exclusivamente para los pintores más reconocidos y para plasmar las imágenes más *divinas o importantes*. Literalmente valía su peso en oro, una onza del color equivalía a una onza del metal precioso. *Era todo un lujo*.

• **Azul de Prusia:** Puede salvar o quitar vidas. Tiene propiedades *medicinales*, la OMS lo reconoce como un antídoto específico en intoxicaciones por metales pesados como cesio radiactivo o talio. También sirve como herramienta para detectar el envenenamiento por plomo, y el exceso de hierro en el organismo. La contracara de este maravilloso color es mucho más oscura, pues sus compuestos pueden ser usados para producir uno de los *venenos más letales* jamás creados: *el cianuro*, que viene de la palabra griega «kyanos», que significa azul oscuro.

El azul, sin tener una palabra que lo definiera por gran parte de su existencia, terminó como un *componente esencial* para imaginar la vida misma.

¿O quién se imagina un mundo sin ***azul***?

*Este libro terminó de escribirse*
*ciento cincuenta años antes de que se encontrasen*
*las palabras para poder explicar*
*la magia del azul.*

# ÍNDICE

*Este libro se terminó de editar en Granada*
*en mayo de 2024 por*

www.aliarediciones.es
*info@aliarediciones.es*